CHANSONS
ET
PASQUILLES LILLOISES,

PAR

T. DESROUSSEAUX.

Troisième Recueil.

A LILLE,
CHEZ LES PRINCIPAUX LIBRAIRES,
Et chez l'Auteur, rue de la Clef, 34.
1849.

CHANSONS

ET

PASQUILLES LILLOISES.

CHANSONS

ET

PASQUILLES LILLOISES,

PAR

T. DESROUSSEAUX.

Troisième Recueil.

A LILLE,
CHEZ LES PRINCIPAUX LIBRAIRES,
Et chez l'Auteur, rue de la Clef, 34.

1849.

LE LUNDI DE PAQUES.

Air du Vaudeville de Madame Scarron
ou « Balayons, nettoyons.

Noté N° 1.

Queu plaisi !
Mes amis,
Q'j'ai eu l'Lundi d'Paques !
D'un jour aussi biau,
Je m'souven'rai dins min luigeau ! (1)
A l'amour,
Dins ch'biau jour,
J'ai tourné casaque ;
Et d'puis, vrai Lillo,
Mi j'tiens pou tous les saints qu'on bo !

J'avo laiché là m'maitresse,
Qui m'traito comme un balou,
Mais tous les jours, dins m'tristesse,
J'maigricho comme un coucou ;

(1) Cercueil.

J'apprids q'Noter Domm' de Grace
Faigeo des mirac' fort biaux !...
   Pour qu'ell' cesse m'disgrace,
   J'y cour' à pieds-décaux !

     Queu plaisi !

T'nant min baton sus m'n épaule,
Avec mes sorlé' au bout,
J'marcho bien, mais sus m'parole
J'n'avancho poin vitt' du tout.
Tous les gins, sus min passache,
Sarrêtant pou me r'vettier,
   Digeott' d'un air ben ache :
   « Ch'est un sot déloyé !! »

     Queu plaisi !

J'arriv' tout près d'cheull bonn' vierge,
J'li di unn' prière à j'noux,
N'povant poin payer un cierge,
J'brule unn' candell' de deux sous.
J'vous assur' que cheull candelle,
A fai' un mirac' bien grand !..
   J'oblio m'n infidèle,
   Qu'é n'brulo qu'à mitan !

     Queu plaisi !

Contint d'min pélérinache,
Qui metto min cœur in r'pos,
An cabaret, dins l'villache,
J'intre à fin d'boire un bou cop.
Pour mi surprisse agréable !
Niavo là tous mes chochons (1),
   Assi autour d'unn table,
   Qui cantott' des canchons !

    Queu plaisi !

Avec tous chés comarattes,
J'bo et r'bo comme un sonneu.
J'faigeo du bruit tout comm' quate
Et j'rio au moins pour deux.
Pou continuer unn' tell'à fiette,
Et tout l'jour nous amuser,
   V'là que j'leu mets dins l'tiette
   Qu'i faut courir à z'œués.

    Queu plaisi !

J'leus ai gagé tros canettes,
   Q'avec mes deux yeux bindés,

---

(1) Camarades.

J'iros fair' faire unne omlette,
Au cabaret du DOUANIER (1).
Mais, j'vous l'dis, ch'est point tout chuque
D'marcher comm' cha l's yeux serrés...
   J'cro q'm'y v'là ! vite j'buque...
A l'mason du curé !!!

    . Queu plaisi !

J'éto honteux comm' galafe
D'avoir si mal réussi,
Mais v'là q'*Séraphin-Gross'-Gafe*,
Parie, et fait tout comm' mi !
J'paie d'bon cœur mes tros canettes,
Et Séraphin trint' six œués....
   Au souv'nir de ch'l'omlette
   J'veux toudis m'pourléquer !
    Queu plaisi !

Nous avons fini cheull' fiette
D'unn' bien singulièr' façon :
On m'ayo sur unn' brouette,
Rétindu comme un cochon ;

(1) Enseigne d'un cabaret du village de Loos.

In avant, et par derrière,
J'éto couduit pa d's homm' soûls,
   Quand nous bourlimm' par tierre,
   On nous crio : « Cass'-Cou !!! »

     Queu plaisi !
      Mes amis,
   Q'j'ai eu l'Lundi d'Paques !
  D'un jour aussi biau,
Je m'souven'rai dins min luigeau !
     A l'amour,
    Dins ch'biau jour,
   J'ai tourné casaque ;
  Et d'puis, vrai Lillo,
Mi j'tiens pou tou les saints qu'on bo !

PATRICE,

ou

Récit naïf d'une jeune dentellière.

Air : Un jour Guillot trouva Lisette.

Noté N° 2.

> Nia d'la peine à faire l'amour,
> Autant la nuit que le jour.
>
> *(Vieille ronde lilloise).*

Te v'là tout surpris Mathurine,
De m'vir un air aussi contint ?
Ah ! va, si j'ai de l'joie sus l'mine,
Sos bien sûr' que ch'n'est point pou rien ;
J'ai mes raisons, j'm'in va t'les dire,
Malgré l'amitié q't'as pour mi,
J'pari' bien q'cha n'te f'ra poin rire.
T'aim'ro mieux ch'bonheur la pour ti.

Hier, je m'pourmeno à l'ducasse,
Avec Patrice m'n amoureux.
Il avo un air fin cocasse,
I n'me parlo q'avec ses yeux !
J'li dis : « Quoich' vous avez Patrice ?
Est-ch' que vous n'ett' point d'bonne humeur? »
I m'répond : « Allez, si j'sus trisse,
Ch'est q'j'oss' poin déblouquer min cœur !

Eh ! quoi, junne homm', ch'est-i possible
D'avoir peur d'unn' fillett' comm' mi ?
J'pinso q'quand on étot sensible,
On n'éto poin moins dégourdi !
J'veux q'tout à ch't'heur' vo cœur s'déblouque,
Ditt' chin q'vous pinsez, vite et dru....
N'ayez poin peur, malgré m'grand' bouque.
Je n'vous aval'rai poin tout cru !

Intindant cha, min biau Patrice
Vient tout rouch' comm' du vermillon,
I m'paie unn' cœuch' de pain-n'épice,
Et m'conduit derrière un éhon ;
Là, serrant mes mains dins les siennes,
I m'dit chés mots, tout in trannant :
« Croiez-m' si vous volez, *Cath'leine*,
J'ai pu d'amour qu'un éléphant ! »

Quand j'sus tout près d'vous, si j'vous r'louque,
Min sang boût, et puis.... j'viens tout frod',
J'sins min pauv' cœnr qui fait : « *douq', douque,* »
Comme l'queue de l'cloq' du Beffro !
Ch'l'amour m'a rindu bien à plainte,
I m'a r'tiré qu'à m'n appétit ;
Et tout l'nuit, tel'mint qui m'tourminte
J'quai pu d'six fo' in bas d'min lit.

Allez Patric', mi ch'est tout d'même :
D'puis q'l'amour m'a pris dins ses grots,
J'peux dir' que j'fai' unn' drol' de femme ;
Quand l'monde est gélé, mi j'sue d'caud.
Si j'pinse à vous, min cœur se r'serre,
J'perds l'esprit comme un huberlu....
L'autt' jour, j'ai poivré l'soup' de m'mère,
Avec unn' demi-onch' de s'nu (1).

Nia pu à dire, i faut Patrice,
Trouver un bon r'mède à nos mas.
Mi, min chagrin m'donne l'gaunisse,
Et vous, vous v'nez sec comme un cat.
Si comme on l'racconte, l'mariache

(1) Tabac à priser.

Sert d'émouquette à les amours,
Mettons nous bien vite in ménache,
Et ch'fu s'éteindra d'jour in jour.

Tout cha conv'nu, Patrice m'imbrasse,
Mais tout près d'nous, j'intinds qu'on rit!...
De m'n amoureux je m'débarrasse,
J'fais quéq' pas,.... j'l'intraine avec mi....
Ch'est q'pindant q'nous s'contimm' nos peines,
Des garchonnal' étot'te v'nus;
Il' avott cousu m'baie d'futaine
Avé s'n habit à queue d'moru.

Ch'désagrémint, te peux bien l'croire,
N'impêch' poin min cœur d'étt joyeux;
Nous s'allons marier à la foire,
N'est-ch' poin chin qu'on peut d'sirer d'mieux?
Quand on est viell' fille, on s'chagrine
A r'gretter l'temps qu'on a perdu....
Mi, pus tot d'coiffer *Saintt'-Cath'rine*,
J'aro consolé un bochu!

LE CRIEUR DE LA VILLE.

Air du Carillonneur (Béranger).

Noté N° 3.

R'lin din din din din derlin din din,
    Bonn' gins d'Lille,
   Accoutez l'crieu d'ville :
Tant pus q'vous perdez tant pu q'j'ai d'gain.
R'lin din din derlin din din din din !

Unn' viell' domm' hier in sortant d'l'Egliche,
A perdu trintt franc' din' un cabas ;
Ell' promet, tel'mint q'ch'est unn' femm' riche,
Chinq' gros sous, à ch'ti qui li r'port'ra.
    R'lin din din.

Un carlin avé l'queue in trompette,
L's orell' courtt', les poils blancs, l'musiau noir,
D'puis deux jour' a quitté sin pauv' maitte,
Qui donn'ro qu'à s'femm' pou li l'ravoir.
    R'lin din din.

On prévient les fill' d'un *certain ache*,
Qu'un monsieu d'Paris est arrivé,
Sin métier ch'est d'former des mariaches,
Il espèr' d'êtt bien achalandé.

  R'lin din din, etc.

Un garchon qui volo fair' bonbance,
L'*Lundi d'Paque'* a porté s'monte in plan ;
Comme il a perdu s'ne *r'connaissance*,
Qu'on li rinde i s'ra bien r'connaissant !

  R'lin din din, etc.

Unn' junn' fill' connu' sus l'nom d'*Prudence*
(I parait qu'é n'n'a poin toudi' eu)
A perdu l'autt jour allan' à l'danse,
Unn' séquoi.... qu'on ne r'trouv' jamais pus.

  R'lin din din, etc.

J'vous annonc' qu'un vieux célibataire
D'mande unn' fill' qui vodro bien l'servir ;
Il ajoutt' qu'i li servira d'père....
Si l'besoin quêq' jour s'in fait sintir.

  R'lin din din, etc.

Un monsieu m'fait publier que s'femme,
De s'mason sans rien dire a parti,
Ch'ti qui trouv' cheull' demitan d'li-même,
S'récompins' s'ra de l'varder pour li.

    R'lin din din, etc.

Unn' gross' fill' vodro chez des gins riches
Ett servante ou soigner les poupons ;
Au b'soin même, ell' serviro d'noriche....
Elle est pleinn' de bonn' dispositions.

    R'lin din din, etc.

J'cros q'ch'est tout, j'ai pus rien à vous dire,
J'ai toudis gagné min p'tit écu,
Min métier m'donn' quêq' fo' invi' d'rire,
J's'ro perdu, si niavo rien d'perdu !

R'lin din din din din derlin din din,
    Bonn' gins d'Lille,
    Accoutez l'crieu d'ville :
Tant pus q'vous perdez tant pus q'j'ai d'gain.
R'lin din din derlin din din din din.

UNE SINGULIÈRE SÉPARATION (¹).

Air de Calpigi
ou : Qu'on est bête quand on est vieux.

Noté N° 4.

J'ai vu un jour deux gins d'ménache,
Qui restott' dins min voisinache,
Pour unn' bétiss' se séparer.
Ch'est l'histoir' que j'vas vous conter (*bis*) :
L'femme avo cuit comm' unn' berdoulle,
Sur un trop grand fu s'ratatoulle.
L'homm' veyant ses puns-d'tierr' brulés...
D'colèr' les a j'té à sin nez,   ⎫
In li digeant : « Va-t'in t'laver !   ⎬ *bis.*

Là d'sus, cheull' femme s'met in rache,
Tout débarbouillant sin visache,
Ell' di' à s'n homme : « Te t'souven'ras
D'm'avoir fait tout minger l'rata !
Te peux aller caire unn' autt' femme,
Car pour mi j'veux, de ch'moumint même,
Unn' séparation, d'corp' et d'biens....
Cha s'ra vitt' fait, nous n'avons rien !
Ch'est quêq' fos bon d'êtt des pauv' gins. »

(1) Historique.

Rien n'est point l'mot (li répond Pierre),
Nous avons des tass', unn' caf'tière,
Des verr', unn' table, un marabout,
Des assiett', pots d'fier et fait-tout;
N'avons-nous poin deux bonn' payasses?
Unn' biell' courte-pointt' qui nous r'trace
L'histoir' de Napoléon..... L'Grand?
Tous les ouverriers n'n ont poin tant,
Pernons-in chacun la mitan.

« De ch'jour nous vivron' à no mote,
Mais j'y pins' (di' incor Charlotte),
I faut fair' vir à *pair ou non*,
Ch'ti des deux qui quitt'ra l'mason. »
Pierr' répond : « T'as qu'à m'laicher faire,
Te verras comm' je m'tir' d'affaire :
Nous f'rons deux cambres d'no guernier,
In collant des feull' de papier,
Nous s'ron' à no particulier! »

I court, pus vitt' qu'un quien caniche,
Sus les murs décoller d's affiches.
Quand il a eu fait s'provision,
A l'ouvrache i s'a mis d'action.
D'l'unn' l'autt', chés gins volant s'fair' quitte,

Ouvroll' tous les deux au pus vite.
Infin, ch'déménaj'mint fini,
I s'sont dit adieu pou toudis....
Nous verrons si nia point d'dédit.

Pour r'avoir sin cœur, v'là q'Charlotte ;
S'mé' in tiett' d'faire unn' ribotte,
Ses camponn' ell' va inviter,
A v'nir passer l'après-dinner ;
Dins s'cambre siept huit camanettes (1)
Vienn'te boir' de l'bièr' par canettes,
Des p'tits verr' et puis du café....
Et ch'pauv' Pierr' tout li pass' sous l'nez !
Ah ! vraimint niavo d'quoi bisquer.

Vous pinsez bien que ch'l'homm' maronne,
D'intinte s'femme et ses camponnes
S'amuser comm' des inragés,
A boire, à canter, à danser....
Mais on diro que l'diable l'pousse
D'aller près de s'femm' mett' les *pouces*....
I prind s'n élan, et d'un seul bond,
I traverse l'séparation,
Et s'in va s'mett' de l'réunion !

(1) Commères.

Charlotte a pardonné à s'n homme,
Mai' ell' li-a dit : « Te vo, v'là comme
J'm'y prindrai, chaq' fos q'te vodras
M'faire aller comme un p'tit dada ;
T'as poin à faire à n'unn' femm'lette,
Car mi, j'su' un bon q'vâ d'trompette,
Je n'm'épouvintt' jamais pou l'bruit.....
A ch't'heur' que te v'là adverti,
Imbrassons-nous q'cha so fini. »

Infin, tout d'puis ch'temps-là, Charlotte,
Dins sin ménach' portt' les culottes ;
Quand unn' fo' elle a commandé,
Sin pauvre homm' n'oss' pus roborer (1).
Si Pierre alfos n'va poin à s'mote,
Ell' li donne unn' pair' de calottes....
Et li r'cho tout chés pousse-avant,
In brayant tout comme un infant.
(Riant) Ah ! ah ! ah ! mon Dieu queul arlant !

(1) Répliquer.

UN ÉPISODE

DE LA FOIRE DE LILLE.

Air : Allez-vous-en gens de la nôce.

Noté N° 6.

Ch'est par un jour, à l'foir' de Lille,
J'avo l'invi' d'rire un bon cop,
J'prinds mes biell nippé' et puis j'm'habille,
Comme un Inglais j'éto faro.
J'min vas trouver m'maitress Victoire,
J'li dis : « Bonjour fillett' me v'là !
  Impoinn' min bras,
  Et viens de ch'pas ;
Hier t'as d'mandé q'j'accate t'foire,
Prinds ch'pain-n'épice et te l'l'arras.

Nous arrivons sus la Grand'Place,
Un turc nous dit : « *Salamalech !* »
Je l'vette, et faigean' unn' grimace
J'li dis : « T'es poin pus turc que grec ! »

I m'vette avec ses yeux tout ternes,
Et d'mande si j'veux du *Patchouli !*....
  J'cro qui rit d'mi,
  J'li dis : « Min p'tit,
Des vessi' n'sont poin des lanternes,
Te parle aussi bien français q'mi !

I m'avo mis tou' in colère,
J'allo li donner un rogin ;
Mais v'là q'Victoire s'mé à braire,
In m'priant d'continuer nô q'min....
Nous partons, et dins l'ru' de l'Barre,
L'bruit des tambours vient jusqu'à nous !
  Dou, r'lou, dou, dou,
  Dou, r'lou, dou, dou.
In intindant tout ch'tintamarre,
J'viens douch' comme l'piau d'un matou.

Infin, sus cheull' bielle Esplénate,
Tout suant d'caud nous arrivons.
On juo justemint unn' parate,
Cha n'coute rien, nous s'arrêtons !...
Unn' fèmm' couché' sus deux cayères,
Porte siept homm' sus s'n estomac !...
  Victoir' vô cha ;
  Jésus Maria !!!

D'frayeur v'là qu'ell' bourle par tierre,
Sans vettier si nia un mat'las.

J'le r'lève, et d'van' unne autt' baraque
Nous allons incor nous placher.
J'vo un *payass'* qui r'cho des claques,
Min sang boût, j'veux l'l'aller r'vinger !
On me r'tient, mais j'crie à sin *maitte :*
« Tache un peu de t'finir, bandit !...
  V'là que l'*maitt'* rit,
  L'*payasse* aussi ;
On m'a dit que j'n'éto qu'unn' biette....
I s'donnott' des caress' d'amis.

On arro du ma de m'fair' croire
Que des calott' fait'te du bien ;
Veyant cha j'demande à Victoire
De v'nir à l'baraque ADRIEN,
E' n'demindo poin mieux cheull' fille,
Et sans pu tarder nous introns ;
  Vitt' nous s'plachons,
  Et nous veyons
Ch'l'escamoteux printe unn' aiwûille,
Et s'in faire unn' manche à ramon !

I fait pu d'quarantt' tours d'adresse,

Et toudis d'pus biau in pus biau ;
A mi, v'là-t'i poin qui s'adresse,
I d'mand' que j'li prêtt' min capiau.
Et sans savoir si j'veux l'permette,
Ch'drol' de farceux cass' des œuès d'dins ;
   I les bat bien,
   In moins de rien,
Infin, i n'in fai' unn' om'lette....
Mi j'n'avo pus ni bouq' ni dints.

D'vir min capiau servant d'paële,
J'peux vous dir' que j'éto saisi ;
Je l'croyo gras comme unn' candelle,
Aussi je m'dis, nia pu d'plaisi ;
J'arro bien volu faire à m'mote,
Décarcasser l'escamoteux.
   J'li cri' « Monsieux !
   Ch'est à nous deux !
Si vous n'm'in donnez poin un autte,
J'vas vous arracher l'blanc des yeux ! »

I me l'rinds, vettiez comm' ch'est drole,
I n'éto poin pus sal' q'avant ;
J'arro volu r'tirer m'parole,
J'm'in volo d'avoir fait ch'boucan....

Infin, mes gins, malgré ch'l'histoire,
J'peux dir' que nous avons bien ri !
      Ah ! queu plaisi !
      Ah ! queu plaisi !...
Tout d'puis ch'temps-là, m'maitress' Victoire
Vodro q'la foir' dur'ro toudis.

LE FAUX CONSCRIT,

Scène pathétique.

Air : Guernadier que tu m'affliges.

Noté N° 6.

MADELEINE.

Est-ch' bien vrai ch'qu'on vient de m'dire,
On t'as pris pour êtt' soldat?

ADOLPHE.

Aoui, m'fill', ch'est poin pour rire,
Dès d'main faut que j'te laich' là.

MADELEINE.

Ah! vraimint, m'peinn' n'est poin p'tite,
Perde un amoureux si biau,
    J'aim' mieux l'tombeau!
Adieu p'tit Dodophe, j'te quitte,
Pour aller m'jéter dins l'iau !

Adolphe *la retenant.*

Quoich' te di'? ah ! malheureusse,
Te veux donc t'déshonorer ?
On dira q't'éto unn' gueusse,
Qui n'avo poin l'cœur d'ouvrer !
Avant tros mos te s'ras mère,
Pins' que te tue in mêm' temps,
    Tin pauvre infant....
I faut q't'euch' bien peur de l'misère,
Pour aller noyer tin *sang !*

Madeleine.

T'as raison, j'éto unn' lache
Mais j'sins q'du sang n'est poin d'l'iau ;
Pou' l'norir j'prindrai corache,
J'irai à loq' à tassiaux.
Mais te sais qu'unn' dintellière
A besoin d'ouvrer gramint,
    Pou peu d'argint,
Et quand un infant n'a poin d'père,
L'pauverieu n'li donne rien.

Adolphe.

Avec du corach', Mad'leine,
Sos sûr que t'in sortiras ;

T'n amoureux pou t'tirer d'peine,
D'sin coté aussi t'aid'ra....
Je n'me norirai que d'soupes,
J'vindrai l'pain d'amonition
      Q'donne l'nation ;
Et puis, j't'invoirai tous mes doupes,
Pou nipper no' p'tit garchon.

MADELEINE.

Cha s'ra unn' autt' pair' de manches
Adoph', quand te s'ras parti ;
Nous n'irons pus les Dimanches,
Danser au GRAND-SAINT-ESPRIT.

ADOLPHE.

Nous n'irons pu boir' nos pintes,
Pou nous d'viser au patard,
      Il est trop tard !....

MADELEINE.

Et nous n'irons pus l'jour des chintes
Au fourbou tirer l'CANARD !

ADOLPHE.

Pour mi m'souv'nir de t'figure,

J'vas l'fair' piquer sus min bras.
(Madeleine frissonne).
N'eus poin peur, car unn' blessure
Intre amoureux n'fait poin d'mas.

MADELEINE.

Mi, pou conserver t'souv'nance,
J'ai tin portrai' in couleur,
  Ch'est min bonheur.
Et pou m'assurer de t'constance,
A l'vierge j'donn'rai un *cœur*.

ADOLPHE.

Sos sûr' que j'te s'rai fidèle
Autant q'min p'tit quien Azor;
D'ailleurs, nia point d'fèmme si bielle,
D'puis Lill' jusqu'à Mogador.
J'défiero l'pus biell' négresse
De m'fair' canger d'opinion,
  A t'n intintion;
Et j'laich'ro là unn' grand' richesse,
Pour unn' mêch' de tin chignon.

MADELEINE.

Nous avimm' douze ans à peine
Que nous s'connéchimm' déjà;

ADOLPHE *lui donnant le bras.*

Nous allimm' comm' Jean et Jeanne,
Nous pourmener pa' d'sous l'bras.

MADELEINE.

Est-ch' que te t'rappelle Adophe,
D'cheull' fos q'étan' in batiau,
J'ai queu din l'iau ;
Et, q'me r'tirant pa' m'baie de stoffe
T'as vettié unn' séquoi d'biau.

ADOLPHE *gaiment.*
(*Il donne un mouchoir à Madeleine*).

Ch'est assez, tiens m'bonn' Mad'leine,
Ressu' tes yeux, et n'brai pus.
Quand i m'a vu, l'capitaine,
A trouvé q'jéto crochu ;
Pou t'essayer biell' maîtresse,
Ch'l'histoire là j'al invinté,
J'sus continté.

MADELEINE (*feignant la surprise et retenant une
envie d'éternuer*).

Eh? quoi... t'as douté... de m'tendresse...
(*Elle éternue*)
At chi !

ADOLPHE.
Ch'est la vérité !

MADELEINE.

(*A Adolphe d'un ton calin*).

Ch'éto poin un ju à rire,
Ah ! Dodoph' t'es-t'un capon...

(*Au public discrètement*).

Inter nous, faut poin li dire,
Mais j'connécho s'n intintion.

ADOLPHE.

(*Au public, à demi-voix*).

Après unn' épreuv' parelle,
J'cro q'me v'la bien assuré
D'n'in poin porter....
Mais comm' dit min cousin LETNIELLE :
I n'faut jamais trop s'y fier.

ADOLPHE.

Obli ch'petit tour d'adresse,
Et cess' d'avoir tin cœur gros.

MADELEINE.

Je l'veux bien, mais tiens t'promesse,
Vas q'mander l'noce à l'écot.

D'rester fill' j'éto bien lasse !

ADOLPHE.

Dins huit jour, nous s'marirons,
  Et deux violons,

MADELEINE.

Un fife !

ADOLPHE.

Unn' trompette

MADELEINE.

     Et unn' basse,

ENSEMBLE.

Nous f'rons fair' des rigaudons.

Les deux amoureux s'éloignent du lieu de la scène, en répétant ensemble ces cinq derniers vers :

D'rester { garchon j'éto lasse,
    { fill' j'éto bien lasse,
Dins huit jours nous s'marierons,
  Et deux violons,
Un fife, uun' trompette et unn' basse,
Nous f'rons fair' des rigaudons.

MINIQUE L'ARLEQUIN.

Air : **Voilà la manière de vivre cent ans.**

Noté N.° 7.

Allan' à m'boutique
Un jour au matin,
J'rincontt' Dominique,
In habit d'arlequin.
J'm'arrett' tout surpris,
Et pou mieux l'le r'connoitt' je l'vette ;
Après cha j'li dis :
« Ah ça ! Dominiq', te viens biette !
Te m'diras si t'm'aimes,
Drol' d'original,
Pourquoi qu'dins l'carême
Te fais l'carneval ? } *bis.*

I m'répond : Compère,
Intron' à ch'gressier,
Et paie-me un p'tit verre ;
Après, j'te racont'rai
Pourquoi qu'aujord'hui
J'su' incor dins ch'trisse équipache ;

Ah ! j'riro bien, mi,
Si j'in veyo un autt' à m'plache.
  D'plaisi, ou bien d'peine,
  Quoique j'ris toudis,
  Aujord'hui j'sus coinne
  Comme un piche-au-lit.

  J'avo unn' maîtresse
  Qui, juant din l'grand,
  Volo êtt Princesse
  Unn' fo tous les ans;
  J'li ai donc loué
Afin d'li plaire un biau costume,
  De l'laicher payer,
Tout l'mond' sait bien qu'chest point l'coutume.
  A tacher qu'ell m'aime,
  Comm j'éto in train,
  J'ai pris pou mi-même
  Ch'l'habit d'Arlequin.

  J'n'avo poin d'espèces
  Pou payer tout cha,
  Mais d'craintt' que m'maîtresse
  M'laich' dins l'imbarras,
  J'm'adresse au frippier,
Et j'li dis : «T'nez, monsieux, v'là m'veste,

Quand j'vous rapport'rai
Chés deux costum', vous arrez l'reste. »
Nous parton' à l'danse,
Prop' comm' dës lapins,
L'miniss' des finances
N'éto pus nô cousin !

Mais j'n'ai poin eu d'chance,
Te va' in juger :
V'là qu'a l'premièr' danse,
Unne espèce d'INGLAIS
S'approch' de m'*Lisa*
Et li fait tout plein d'politesses ;
I li parl' tout bas ;
Mi j'accoute. I di' à m'maitresse :
« Te m'surprinds fillette,
Ti q't'as d'si biaux yeux,
D'vir là cheull' gross' biette,
Q't'as pour amoureux ! »

Te comprinds, compère,
L'cop q'cha m'a donné ;
J'croyo que m'colère
M'arro étouffé.
Sitôt j'li-ai donné
Un biau jiroflé à chinq feulles,

Et raitt' sus l'planqué,
J'l'ai rétindu plat comme unn' nieulle,...
Sus ch'temps là, m'maitresse
Pou m'donner l'gros cop,
M'brul' la politesse
Avec un PIERROT !!

D'désespoir et d'raché,
J'allo comme un sot
M'jetter din l'rivache,
Et boir' min dernier cop.
J'm'apprête à sortir,
On m'arrett ! ch'éto unn BERGÈRE,
Qui m'dit : « S'fair' morir
Ch'est toudi' unn' méchante affaire ;
Te veux dins t'tristesse,
T'passer l'goût du pain !
Fai' unn autt' maitresse,
T'in s'ras contint d'main.

Chin qu'ell' veno d'dire
M'ouvre infin les yeux,
Nous s'metton' à rire,
Me v'là s'n amoureux !
Un quart-d'heure après
Nous étimm' des viell' connaissances ;

Aussi j'ai juré
D'l'aimer tout l'temps de m'n existence !..
J'ai d'cheull biell bergère
Tout l'nuit rincé l'biec,
Mais m'bours', min compère,
S'a trouvée à sec.

T'as compris du reste,
Pourquoi que j'n'ai poin
Eté r'caire m'veste,
L'surlind'main matin.
Habillé comm' cha,
J'n'oss' pus min r'tourner à m'boutique ;
Compriads m'n imbarras,
J'peux poin m'norir avec des briques !
Sans miséricorde
J'vas drot m'in aller,
M'accater unn' corde
Pou m'serrer l'giger !

J'li dis : « Prinds corache,
J'te prêt'rai d's habits,
Si t'éto à m'plache,
Tin f'ro autant q'mi.
Qu'il éto contint,
Que j'volo l'tirer de s'misère !

Nia poin d'quoi vraimint,
Dins ch'monde on do' s'aider in frère....
Mais d'puis, din nô ville
Tous les gros malins,
Appel'te ch'bon drille,
Miniq'-l'Arlequin.
} *bis.*

L'HOMME MARIÉ,

ou

CONSEILS AUX CÉLIBATAIRES.

Air : de la légère, ou : Commissaire (Béranger).

Noté N° 8.

Ah ! j'inrache,
Ah ! j'inrache,
L'diable est v'nu dins min ménache ;
Ah ! j'inrache,
A vo plache,
Gais lurons,
J'rest'ro garchon.

Ros', quand j'li faigeo l'amour,
Eto biell' comme unne imache,
Ell' nettoyo sin visache
Avec du *parfait amour ;*
Mais d'puis ch'temps, ch'est poin unn' craque,
Aussi moll' que l'fier est dur,
Elle est dev'nu' tel'mint claque,
Qu'on peut l'coller conte l'mur...

Ah ! j'inrache, etc.

T'nez, ch'est si vrai, q'l'auter jour
Disputan' avé s'voisine,
Ell' li dit : « T'es-t'-unn' coquine ! »
Mais l'autt' li répond tout court :
« Si j'sus coquin', t'es-t'unn' lache,
Et cha tout l'monde l'sait bien.
T'a incore sus tin visache
De l'crass' du bombardemint (1).

  Ah ! j'inrache, etc.

Quand elle est à sin coussin,
J'cro qu'ell' va fair' rouche et rache,
J'li sers sin morciau d'fromache,
Sin lait-battu et sin pain ;
Mais s'il arrive unn' commère,
Crac ! ell' plantt' là sin *copon* (2) ;
Dins l's écol' de dintellières,
Elle arro toudis l'*capron* (3).

  Ah ! j'inrache, etc.

(1) Historique.
(2) Coupon ou pièce de dentelle encore sur le métier ou coussin.
(3) Bonnet de carton, en forme de pain de sucre, qu'on mettait sur la tête des paresseuses.

Quand ell' veut fair' du fricot,
Nia d'quoi rir' de s'n infilure ;
Elle us' tros biaux quart'rons d'burre,
Pou faire un tout p'tit hoch'-pot.
Si j'veux de l'soupe, elle' m'in donne,
Mais grace à Dieu, j'n'in minch' pus ;
Car cheull' soupe est tel'mint bonne,
Q'les cats, les quien', r'nonch'te d'sus.

    Ah ! j'inrache, etc.

E' n'est bonne à rien, pourtant,
I faut que j'li rind' justice ;
Ch'est chin qui fait min supplice,
Ell' va in couch' tous les ans.
Pour cha j'ai di' unn' neuveine,
A tous les saints du bon Dieu...
Mais au bout d'neuf mo' à peine,
N's'a-t'-ell' poin accouché d'deux !!

    Ah ! j'inrache, etc.

Mais l'pus trisse incor pour mi,
Ch'est qu'ell' n'est poin bonn' mérotte ;
I faut que j'les immaillotte,
Que j'leu faich' leu lait-bouli !...
Il arriv' quéq' fos q'je r'grette,
Quand j'intinds m's infants crier,

D'n'avoir poin unn' petitt' tête
A leu donner à chucher.

  Ah ! j'inrache, etc.

L'soir, quand je r'vien' à m'mason,
Lassé d'avoir fait m'n ouvrache,
I faut q'je r'double d'corache,
Pou bercher chés p'tits poupons.
Bonn' gins, plaigné' un brave homme
Qui donne à ses pauv's infants,
Quand i veut dormir un somme,
Pour unn' pair' de sous d'*dormant !*

  Ah ! j'inrache, etc.

J'espèr' que vous profit'rez
D'chés p'tits consels là, junne' hommes ;
Soyez-in bien sûrs, v'là comme
On arringe l's homm' mariés.
Si vous in faitt' à vo tiette,
Sans t'nir compt' de mes avis,
Un jour, dins l'misèr' peut-ête,
Vous répét'rez tout comm' mi :

  « Ah ! j'inrache, etc.

LE BROCLET D'AUTREFOIS,

Souvenirs d'une vieille dentellière.

Air du bon ménage.

Noté N° 9.

Vous volez donc que j'vous raconte
Comme on faigeo l'fiett du *Broclet* ?
Vous allez m'dir' : ch'est un vieux conte,
On n'povo poin tant s'amuser. »
   Ah ! vous povez bien m'croire,
   J'l'ai présinte à m'mémoire ;
   Et t'nez, rien q'd'y pinser,
     J'vodro danser.
Malheureus'mint, j'sus cloé' sus m'cayère,
A tout moumint j'crains d'dev'nir quarterière (1),
   Au lieu qu'in ch'temps là,

---

(1) On emploie ce mot pour désigner une personne infirme. En voici l'étymologie : autrefois, tous les trimestres, c'est-à-dire à chaque *quart* de l'année, on portait, à domicile, les Sacrements aux personnes invalides. De là quartrier ou quartrière, que le patois défigure ainsi : quarterière.

Viv' comme un p'tit cat,
J'rio, j'canto, j'faigeo d's interchats.

Jeunn homm' et fillettes,
L'bon vieux temps est passé ;
Allez, tous vos fiettes,
N'vautt poin l'fiett' du Broclet.

On s'y pernot quinz' jours d'avanche,
Pour ett' teurtou' au pu faro ;
On ouvro tard, fiett et dimanche,
Pour ramasser un p'tit mugo.
Alors les dintellières,
Povot'te fair' leu fières,
I n'dépindot'te poin
D'un muscadin ;
Cha parait fort, mais sans s'donner trop d'peine,
Un louis d'or i gagnott par semaine.
Aussi, leus darons
Berchott les poupons,
Faigeot'te l'soup', l'avott' les masons...

Jeunn homm et fillettes, etc.

On n'povo pus r'connoitte l'ville,
Quand j'biau jour éto arrivé ;
Ru' et courett', infin tout Lille,

D'bouquets d'fleur' éto ajoulié.
I niavo des couronnes ,
Presque autant que d'personnes ;
On faigeo d'longs caplets
In écall d'œués.
Ch'éto l'printemps, les p'titt fill' comm les grandes,
D'biell fleurs des camps tressot'te des guirlandes ;
In sign' d'amitié ,
L's oùverriers filtiers,
Près d'unn *babènn* métot'te un *broclet*.
Jeunn homm et fillettes , etc.

On n'mouco poin sin né' à s'manche ,
Cha n'impécho point d'ett heureux ;
Après s'avoir bien rimpli l'panche ,
Les junn' fill' et leus amoureux ,
Avé l'bonheur sus l'mine ,
Partot'te *à la badine* ,
S'pourmener au fourbou ,
Prop' comm des sous.
Pou l's admirer et vir leus airs ben ache ,
Sus l'grand pavé tout l'mond' leu faigeo plache ;
Eusse, in se r'vettiant ,
Faigeot'te leu grand ,
Sautant, dansant et tout s'tortinant.
Jeunn homm et fillettes , etc.

Tout l'long du fourbou Noter-Domme,
Quand y s'avott bien pourmenés,
Tous chés jeunn fill' et chés jeunn hommes,
L'cœur joyeux, s'in allott danser
    A l'*Nouvielle-Avinture ;*
    Là, moutrant leu tournure,
    Il' avott pus d'plaisi
      Qu'au paradis.
Et quand v'no l'nuit, i courot'te in cachette,
A pas d'soris, juer dins les gloriettes...
    L'temps paraicho court,
    In s'faigeant l'amour,
Sans y pinser on attrapo l'jour.

    Jeunn homm et fillettes, etc.

L'homme l'pus r'nommé pou l'corache,
S'arro pus tot crojé les bras,
Que d'sin aller r'prinde s'n ouvrache,
Avant d'noyer SAINT-NICOLAS.
   Ch'est pourquoi qu'à l'neuveine,
   On allo non sans peine,
   Vir jéter l'joyeux saint,
    Din un bassin.
Les grands, les p'tits, autour de cheull' rivière,
L'cœur tout saisi versott des larmes.... d'bière...

Quand l'grand saint précho,
Bien vite on compto :
Unn, deux et tros !!.. dins l'iau on l'jetto !

 Jeunn homm et fillettes, etc.

SAINT-NICOLAS n'éto poin biette,
Au poin d'aller s'noyer tout d'bon.
I s'continto d'piquer unn tiette,
Et de r'venir boire un pochon.
 V'là comme finicho l'fiette.
 Mais pou faire unn' omlette,
 Mes bonn' gins vous savez
 Qu'on casse d's œués.
Au bout d'neuf mos, pus d'unn fille éto mère,
On s'consolo, on n'avo poin d'misère....
 Ch'malheur arrivé,
 Lon de s'désoler,
Avec plaisi on vanto l'*Broclet*.

 Jeunn homm et fillettes,
 L'bon vieux temps est passé ;
 Allez, tous vos fiettes
 N'vautt poin l'fiett du Broclet.

HISTOIRE D'UN BIAU GARCHON.

AIR : V'là c'que c'est q'd'aller au bois.

Noté N° 10.

Ch'est par un biau jour de printemps,
Q'je m'dis : « Garchon, pou passer l'temps,
Fais bien vitt' des canchons nouvielles ;
  Les tienn' vienn'te vielles,
  Tach' d'in fair' des bielles. »
Aussito' avec min crayon,
J'écris l'Histoire d'un biau Garchon.

Unn' pauv' fèmm' veno d's'accoucher
D'un infant, biau comme un solei.
On r'merci' Dieu de l'délivrance,
  In digeant : Queull' chance !
  Les gins d'l'assistance,
Imbrass'te à mort che p'tit poupon....
V'là chin q'ch'est d'ètt biau garchon.

A douze aus, ch'petit marmouzet,
Eto v'nu un infant bradé ;
I donno des claque' à ses frères,

I les faigeo braire,
Et pourtant leu mère,
A ch'capenoul donno raison....
V'là chin q'ch'est d'ètt biau garchon.

Avec un visach' comme l'sien,
Près des fèmm' on réussit bien :
I fait connaissance d'Liquette,
A cheull jeunn' fillette,
I fait tourner l'tiette,
Et li jue un tour de s'façon....
V'là chin q'ch'est d'ètt biau garchon.

Quand sin tour est v'nu d'ètt conscrit,
Nous pinsimm' teurtous qui s'ro pris ;
Mais v'là-t'-i poin qu'unn biell' comtesse
A li s'intéresse,
Elle imploie s'n adresse...
Infin, elle obtient s'n eximption....
V'là chin q'ch'est d'ètt biau garchon.

L'amour l'invoie à l'hopita
Pour aller r'faire s'n estomac ;
Unn' bonn' sœur veyant sin visache,
Li dit d'printt' corache,
Et q's'il est bien sache....

Ell' li donn'ra double ration....
V'là chin q'ch'est d'êtt biau garchon.

Grace à tous les soins qu'on a pris,
In peu d'temps i sorte r'guéri;
San'avoir des croutous dins s'poche,
  Chaq' jour in caroche
  I fait des bamboches
Avec les gins du pus haut ton....
V'là chin q'ch'est d'êtt biau garchon.

Pour avoir des écu' aussi,
L'ambition s'impare unn' fos d'li;
I s'in va trouver unn' viell' fèmme,
  I li dit qu'il l'aime
  D'un amour estrême!
I s'mari' pou ses picalions....
V'là chin q'ch'est d'êtt biau garchon.

Infin ch'l'homme (on peut l'vir incor),
Il est si rich' qui roul' sur l'or;
Il a bien chinq six domestiques,
  Des q'vâ', unn' bourique,
  J'cros q'sans l'République
Il arro des titres d'Baron....
V'là chin q'ch'est d'êtt biau garchon.

HISTOIRE DE LIDÉRIC ET PHINARD,

ou

Réclame en faveur de la fontaine del Saulx.

Air du Père Antoine (Musique de M. Ed. Lalo).

Noté N° 11.

Mes amis, prêtez bien l'orelle,
J'vas vous dire unn' séquoi d'nouviau :
On vient de r'trouver unn' mervelle,
Qu'on appelle l'*fontaine del Saulx*....
Rien que ch'nom nous rappell' l'histoire,
Et d'PHINARD et de LIDÉRIC ;
Deux gaillards qui s'sont criblé d'gloire,
  A grands cops d'pic !...

 D'vos bours' i faut sans peine,
 Déloyer les cordiaux ;
 Et nous r'verrons l'fontaine
  Del Saulx (*bis*).

Si ch'est vrai chin q'm'a dit m'gra'mère,
Phinard éto un vrai capon,
Qui d'Lidéric avo tué l'père,
Et rinserré l'mère in prigeon.

Heureus'mint pou cheull' pauver femme,
Qu'avaut d'étt dins l'main de ch'brigand,
Elle a pu, tout près de l'fontaine,
  Porter s'n infant.

 D'vos bours' i faut sans peine, etc.

A cheull' fontaine un vieu hermite,
Un jour s'in allant caire d'l'iau,
Intindant braire, i vett' bien vite,
Quoich' qui vot ? un infant fort biau !
I l'prind dins ses bras, il l'imbrasse,
R'merci' Dieu, s'apprête à l'bénir....
Unn' séquoi pourtant l'l'imbarrasse...
  Ch'est pou l'norir.

 D'vos bours' i faut sans peine, etc.

De n'povoir li servir de mère,
Ch'pauv' grand-père avo du chagrin...
Mais l'bon Dieu n'a poin sus l'tierre,
Ses infants pou morir de faim.
Il invoie unn' biell gross' maguette,
Pou donner du lait à ch'marmot ;
Et l'infant avec des bonn' têtes,
  A v'nu fin gros.

 D'vos bourse' i faut sans peine, etc.

Lidéric a dins ch'l'hermitache,
Resté jusqu'à l'age d'vingt ans.
L'hermitt' connaichant sin corache,
Li dit : « Garchon, parte, il est temps ;
Vas-t'in trouver le roi Clotaire,
D'mand'-li unn' compani' d'soudarts,
Et te viendras délivrer t'mère,
   In tuant Phinard...
 D'vos bourse' i faut sans peine, etc.

Lidéric va près du roi d'France,
I li dit s'n affaire in deux mots ;
Clotaire répond : « Cha cri vengeance !
I faut l'tuer comme un escargot !...
Dès d'main nous s'mettron' in voyache
Pour aller trouver ch'gueux d'Phinard ;
Tiens, v'là m'lance ! i faut percher ch'lache
   Comme un bout d'lard.... »
 D'vos bourse' i faut sans peine, etc.

Un jour, on intind dins tout Lille,
Des tambour', des fif', des clairons....
Ch'est l'cortége du roi qui défile
D'vant Phinard furieux comme un lion.
Lidéric aperchevant ch'traîte

Moute l'poing et li cri : « Capon ,
A morir i faut q'te t'apprêtes ,
  Cha n's'ra pus long... »

 D'vos bourse' i faut sans peine , etc.

Aussitot , l'victime et l'coupable ,
Au grand galop montt' sus des q'vâs.
Ch'éto pu d's homm', ch'éto des diables!
I s'lardott' comm' des cervelas....
Mais Phinard , perdant l'résistance ,
Quai à tierre in criant : « Malheur!!! »
Lidéric , avecque s'grand' lance ,
  Li perche l'cœur !!!!

 D'vos bourse' i faut sans peine , etc.

Ch'brav' garchon a délivré s'mère ,
Aussitot qui s'a vu vainqueur ;
Cheull' pauver fèmm' s'a mi' à braire ,
In pressant sin fieu sus sin cœur....
Et , veyez chin q'ch'est de l'nature ,
D'puis vingt ans qu'é n'l'avo point vu ,
Rien qu'in arrivant , à s'tournure ,
  Ell' l'a r'connu !...

D'vos bourse' i faut sans peine , etc.

Pour que dins mille ans on s'rappelle
D'chés deux Lillos d'un si grand r'nom,
On va faire unn' fontaine nouvielle
Pa' l'moyen d'unn' grand' souscription.
In signant, on pora peut-êtte,
Dire un mot chacun pou s'n argint;
Mi, j'proposs' qu'on mette unn' maguette
   Sus l'monumint.

D'vos bourse' i faut sans peine,
Déloyer les cordiaux;
Et nous r'verrons l'fontaine
   Del Saulx!

JACQUO L'BALOU.

Air de Cadet-Rousselle.

Noté N° 12.

Mes amis, vous avez connu
Jacquo-l'Frisé, un biau gadru,
Qui pour êtt aimé d'un tendron,
N'avo souvint qu'à dir' sin nom ?
M'croirez-vous si j'vous dis que s'fèmme
L'conduit comme un vrai nicodème !...

  Ah ! ah ! de ch'grand balou,
Rions, m's amis, rions teurtous !

Vous avez l'air de me r'vettier,
Croyant que j'veux vous in conter ?
Car vous s'rappélez ch'biau faro,
Qui d'unn' goulé' buvo un lot !
De s'fèmme à ch't'heure il a tant d'crainte
Qui n'os'ro pus boire unn' seul' pinte !

  Ah ! ah ! de ch'grand balou,
Rions, m's amis, rions teurtous !

Faut l'vir quand il est à s'mason !
I nettoye les locq', les laînn'rons ;
Ch'est li qui récure l'planquer,
Ch'est li qui fait l'soupe et l'café.
Et s'biell' madomm', qui s'pantalisse,
L'appell' *dégourdi sans malice* !!

  Ah ! ah ! de ch'grand balou,
Rions, m's amis, rions teurtous !

Chin qui fait parler les voisins,
Ch'est q'madomme a un p'tit cousin,
Qui dins s'mason fait les cent-coups,
Et à qui cheull' femm' permet tout ;
Si Jacquo quèq'fos l's imbarrasse....
Vite unn' commission sus la Place !

  Ah ! ah ! de ch'grand balou,
Rions, m's amis, rions teurtous !

I nia poin pus d'tros mo' et d'mi,
Q'madomme *a été à sin lit ;*
On a queusi pour ett' parrain,
Vous d'vinez qui ? l'petit cousin.
J'ai mêm' laiché dir' pas m'commère,
Q'l'infant r'senn' pus l'parain que l'père.

  Ah ! ah ! de ch'grand balou,
Rions, m's amis, rions teurtous !

Au fourbou, dins les jours d'été,
Quand ch'biau ménach' va s'pourmener,
Madomme est au bras d'sin cousin,
Nippé comme un vrai muscadin.
Jacquo aussi ju' sin p'tit role....
I porte l'infant sus s'n épaule !

 Ah ! ah ! de ch'grand balou,
Rions, m's amis, rions teurtous !

Quand il ont fait leu p'tit régal,
Souvint chés gins s'in vont au bal ;
Pou digérer l'portion d'gambon,
Rien n'vaut mieux qu'un p'tit rigaudon.
In attindant que l'dans' so' faite,
Jacquo s'pourmèn' dins les gloriettes...

 Ah! ah! de ch'grand balou,
Rions, m's amis, rions teurtous !

Quand chés gins à forche d'danser
Ont r'sinti l'besoin d'se r'poser ;
Modomm' s'in va dire à Jacquo :
« L'infant a besoin d'fair' dodo.
In nous attindant, min bon-homme,
Avec li va-t'in faire un somme ! »

 Ah ! ah ! de ch'grand balou,
Rions, m's amis, rions teurtous !

Pou l'honneur des homm' de ch'pays,
Si vous êtt' teurtous de m'n avis,
A l'saint JOSEPH nous li juerons
Unne aubatte à l'port' de s'mason.
Des airs, i n'in faut poin unn' kerque (1)
Nous juerons l'*Carillon d'Dunkerque.*

   Ah ! ah , de ch'grand balou,
Mes amis, nous rirons teurtous.

(1) Charge.

CASSE-BRAS,

ou

une Conduite à l'Hospice-Général.

PASQUILLE.

Min vieux pèr' qu'on appell' Cass'-Bras,
Pasqu'il a fait vingt ans la guerre,
Est intré hier à l'hopita,
Conduï in grand pontificat
Par ses infants, s'fèmme et sin frère.
Et tel'mint ch'l'homme éto aimé,
Ses voisins mêm' sont arrivés
Pou li faire un p'tit pas d'conduite....
J'min vas tacher d'vous dir' bien vite
Comme cheull' triste affair' s'a passé.

. . . .

D'abord, les parints, les amis,
A m'mason se sont réunis;
Et comm' vous l'pinsez bien, l'caf'tière
A jué un grand rol' dins ch'l'affaire;

Les p'tits verr' mêm' s'in sont mélés,
Et pus d'unn' tiette allo tourner....
Mais min pèr' qui n'perd poin la boulle,
Di in li-mêm' : « J'cros qu'cha s'imbroulle,
Si bott' des goutt' incor deux fos,
J'm'in irai tout seu au *Bleu-Tot*,
A moins d'fair' venir des brouettes,
Pou nous m'ner teurtous comm' des biettes. »
Aussitot, comme un général,
Du départ i donne l'signal !
I prind s'viell' fèmme à la badine,
Mi, j'impoinne l'bras de m'cousine,
Et tous les autt' in fait'te autant.....
Nous v'là partis tambour battant !...
Quand j'dis tambour.... ch'est pou mi rire,
A des gins d'Lille i n'faut poin dire
Qu'on s'sert dins parelle occasion,
D'unn' viell' cartelette à savon....
Min cousin donc, ouvro la marche
In nous rabottan' unn' biell' marche,
Et ch'éto l'bochu Isidor
Qui nous servo d'tambour-major !...
V'là q'pou nous vir dins tous chés rues,
Les fill', les fèmm' sont accourues ;
Les homm' qui sont curieu' aussi,
Nous vettiott' d'un air tout surpris.

In s'digeant comm' cha à l'unn' l'autte :
« Est-ch' des gins qui fait'te ribotte ?
U bien, s'in vont-i pou planter
Quêq' part un abre d'Liberté ? »
Non (digeo l'autt), ch'est un mariache !
— Bah ! ch'est d's ouverriers sans ouvrache !
— Ch'est p't'êtt' bien unn' révolution ?
— Mais non, puisqu'i n'ont poin d'batons !
D'tous chés raisons ni-avo personne
In état d'mette l'nez sus l'bonne ;
Et nous autt', in cantant des r'frains,
Nous allimm' no bonhomm' de q'min.
Nous arrivons sus l'Grand Rivache,
Comm' tout partout, on nous fait plache.
Là, min pèr' nous ordonn' d'intrer
Au cabaret du Cat-Barré....
Homm' et fèmm', de cheull' bind' joyeusse,
Trouv'te l'proposition fameusse !
Nous introns, et pindant tout ch'temps
L'tambour à l'port' batto *au champ !*...
« Madomme, aportez nou' à boire,
Di' in intrant min frèr' Grégoire ;
Et nous verrons si l'bièr' d'ichi
Vaut bien cheull' qu'on bo sus l'réduit....
Autour des table' on a pris plache,
Gramint d'gins faitt' gramint d'ouvrache ;

Nous n'avimm' poin parlé tros mots
Qu'un avo déjà vidié six lots.
Min père alorss' qui a d'l'école,
Mont' sus l'banc, et dit chés paroles :

Discours du Père Casse-Bras.

Mes amis, mes voisins, mes infants,
D'vous quitter j'cros qui va ett' temps.
Vous savez q'pour un homm' sensible,
Ch'est un moumint dur et pénible
Que d'sin aller à l'*Grand'Mason*.
Pour mi, j'cros que j'va in prigeon !
Hèlas ! après trinte ans d'mariache,
Avoir eu toudis tant d'corache
Pour él'ver m'famille honnêt'mint,
V'là l'biell' récompins' qui m'attind !
Allez, ch'est unn' séquoi bien trisse :
D'puis que j'sus rintré du service,
Din' unn' seul' fabriq' j'ai ouvré,
Et l'autt' jour j'ai eu min livret.
On a dit : « Cass'-Bras vient sur ache,
I n'est pus subtil à l'ouvrache,
Par un jeune homm' faut l'rimplacher.
Et v'là comm' je m'trouv' sus l'pavé !

. . . .

Ah ! si din l'temps q'j'éto soldat

Un boulet m'avo cassé l'bras !
J'aro drot à les *Invalittes*.
Là, un simple officier d'guêrittes
Minge avec des cuillers d'argint ;
Et chin qui f'ro min contint'mint,
Tous les jours avé m'viell' gra'-mère,
J'iro m'pourmener à l'barrière
Et lamper du vin à six sous !
Ch'bonheur n'éto poin fait pour nous.... »
— « Quoich' que vous ditt' ? (li répond m'mère)
Est-ch' possib' qu'un Lillo préfère
A deull' bièr' unn' boutell' de vin ?
Ah ! Cass'-Bras, vous n'y pinsez poin.
Vous n'pinsez poin qu'in quittant Lille,
Vous laich'ritt' là tout vo famille !
Quitter Lill' ! pou min pésant d'or,
J'n'y consintiro mi incor.
On m'offriro pou m'noriture
Tout purain chuc, de l'confiture,
Du lapin, et mêm' du gambon ;
Que j'diro incor : « Ma foi non ! »

. . . .

Allons, Cass'-Bras, pernez corache,
A l'hopita vous r'ten'rez m'plache.
On est heureux pa' l'temps qui court,
D'avoir un gît' pou ses vieux jours ;

Un oriller pou r'poser s'tiette,
Un peu d'lait-battu dins s'n assiette,
Quéq'fos de l'viande, et puis.... du pain,
Tout juss' pou n'poin morir de faim.

. . . .

In intindant cha, min vieux père
Comme un infant s'a mi' à braire,
Et puis, in ressuant ses yeux
Il a dit : « J'vous r'merci' grand Dieu !
Vous m'avez donné unn' brav' fèmme,
Qui m'a consolé dins mes peines ;
Quand près d'vous i m'faudra partir,
Elle ara min dernier soupir. »

. . . .

Alorss' Louis l'ancien trompette
Di' à tout l'mond' : « Faut qu'on s'apprête
A r'conduire l'vieux pèr' Cass'-Bras,
In cantant jusqu'à l'hopita.
Allons, veyons, i faut qu'on sorte,
Pou s'placher deu' à deux d'vant l'porte,
Et aussitot nous partirons.
In marchant, j'dirai unn' canchon
Q'j'ai fait par un jour dins l'Afrique.
Je n'sais si vous l'trouv'rez comique,
Mais si vous ètt' Lillos comm' mi,
J'sus bien sûr qu'ell vous f'ra plaisi. »

Nous s'avons mi teurtou' in route,
Sus l'rivach' ch'éto unn' déroute :
Les *batéliers*, les *porte-au-sa*,
Avec nous ont marché au pas,
In cantant teurtou' à tu' tiette
L'biell' canchon du **Lillo-Trompette.**

SOUVENIRS DE LILLE

Par un Trompette en Afrique.

Air de Cradoudja (Chant africain).

Noté N° 13.

1.er Couplet.

D'puis que j'sus dins l'Afrique,
   Ah ! q'j'ai du chagrin ;
J'crains bien de v'nir étique,
   Si cha n'finit poin.
J'vodro m'mett' din un cofe,
Car ichi l'solei cauffe,
Assez pou cuire unn' gauffe
   Sans oull' ni poufrin.

Tra, la, la, ah, ah, ah, ah,
Tra, la, la, ah, ah, ah, ah.

2.e Couplet.

Uch' qu'ell' est m'pauv' bonne ville
  Qui m'a donné l'jour?
Uch' qu'elle est cheull' biell' fille
  Pour qui j'ai d'l'amour ?
U sont chés comarattes
Qui m'ont jué unn' aubatte,
Unn' fos sus l'esplénatte,
  Au son du tambour?
    Tra, la, la, etc.

3.e Couplet.

J'verse souvint des larmes
  Pou ch'pays si biau,
Et quand j'pinse à l'plach' d'armes,
  J'taütt' comme un viau.
Plaingnez, plaingnez m'misère,
Là, j'ai connu P'TITT'-CLAIRE,
Unn' fillette à l'voiss' Claire
  Comme un chiflotiau !
    Tra, la, la, etc.

4.e Couplet.

L'Dimanche après l'prom'natte,
  Dins les cabarets,

Pour intind' ses roulattes
   On v'no d'lon et d'près.
J'aimo tant cheull' fillette,
Qu'un jour j'ai mis dins m'tiette
D'accater unn' trompette
   Pour l'accompagner.
      Tra, la, la, etc.

5.º Couplet.

Quand nous allimm' à l'danse,
   Ch'est là qu'ell' brillo !
Et mi, raitt' comme unn' lance,
   Près d'ell' je m'teno.
Si quêq' fo , un faux-crainne
Parlo mal de s'dégaine ,
J'li donno unn' tarteinne
   Qui n'in vaulo tros !
      Tra, la la, etc.

6.º Couplet.

J'éto dins min jeune ache
   Un biau p'tit gadru ;
Claire avo un visache
   Comme on n'in vo pus.
Aussi, sus no passache
Chacun nous faigeo plache,

In criant : « Biau mariache,
　Faut marquer deux jus ! »
　　Tra, la, la, etc.

7.e Couplet.

Si te m'aimo, p'titt' Claire,
　La mitan comm' mi,
Te t'f'ro vitt' cantinière,
　Pou v'nir vive ichi.
Mais... te mettro sans doute,
Tout l'armée in déroute,
In buvant tes p'titt' goûtes
　On perdro l'esprit.
　　Tra, la, la, etc.

8.e Couplet.

Ah ! non, non, reste à Lille,
　Cha m'rindro jaloux ;
Car dins l'armé', p'titt' fille,
　Nia des loups-garoux.
Q'min congé on m'débite,
Et j'di' adieu guéritte,
J'prindrai, pou v'nir pus vite,
　Mes gamb' à min cou.

Tra, la, la, la, ha, ha, ha, ha,
Tra, la, la, ha, ha, ha, ha.

Nous arrivons d'vant l'Grand'-Mason,
In finichant cheull' blell' canchon.
Ch'est là q'min pèr' d'un air tout trisse,
M'présintt' sin vieux bonnet d'police,
Et dit d'un ton bien malheureux :
« Min pauv' bonnet, j'te di' adieu !
Adieu, car dès d'main unn' casquette
Va t'dire : « Va-t'in d'là que j'mi mette! »
« Brav' bonnet ! qui d'puis Maringo
Jusqu'à l'batall' de Waterloo
A partagé tous mes souffrances ;
Et qui, tout d'puis min r'tour in France,
A vu mes ch'feux noirs dev'nir gris ;
Faut donc nous quitter pou toudis ?...
Mes infants, surtout, j'vous r'commande
D'in prind' soin comm' d'unn' *pierre-limande* (1);
Fait'me un plaisi, ch'est d'l'attiquer
Au clo qui suspind min congé ;
Les dimanche' et les jours de fiette,

(1) Malgré mes recherches, je n'ai pu découvrir l'origine de ce mot; ce que je sais, c'est qu'il sert à exprimer une chose extrêmement préciense. Voici néanmoins ce que je suppose : la pierre aimantée, qu'on nomme aussi par corruption *pierre d'aimant*, a dû, à son apparition, produire un effet prodigieux aux yeux de nos bons Lillois, qui en aurons fait pierre l'aimant, puis, pierre limande.

Je l'brouch'rai, je l'mettrai sus m'tiette,
Cha m'f'ra tant d'bien, que j'sus certain
Q'j'oblirai souvint min chagrin!... »

. . . . — . . . .

A vous autt' tous mes connaissances,
J'vodro bien bien laicher des souv'nances ;
Mais d'chin qui m'reste j'ai tant b'soin....
Fautt' de mieux, pressez teurtous m'main.

. . . . , ...

Là-d'sus, i fait unn' gambriole,
Pus vitt' qu'un ogeau qui s'invole,
S'élance au Bleu-Tot tout d'un cop
Et serre l'grand porte sus sin dos.

FIN.

TABLE.

Le Lundi de Paques 1
Patrice, ou récit naïf d'une jeune dentellière 6
Le Crieur de la ville 10
Une singulière Séparation............................. 13
Un Episode de la Foire de Lille 17
Le faux Conscrit, scène pathétique................... 22
Minique l'Arlequin.................................... 29
L'Homme marié, ou Conseils aux célibataires....... 35
Le Broclet d'autrefois 39
Histoire d'un biau Garchon. 44
Histoire de Lidéric et Phiuard, ou réclame en faveur de la fontaine del Saulx 47
Jaequo l'Balou 52
Casse-Bras, ou une Conduite à l'Hospice-Général 56
L'Lillo-Trompette, souvenirs de Lille par un trompette en Afrique.. 62

Lille. Imp. de Lefebvre-Ducrocq.

www.ingramcontent.com/pod-product-compliance
Lightning Source LLC
LaVergne TN
LVHW051506090426
835512LV00010B/2371